CATALOGUE

DES

MONUMENTS HISTORIQUES

Monuments Antiques
Monuments du Moyen Age, de la Renaissance
Et des temps modernes

PARIS

AUX BUREAUX DE LA SOCIÉTÉ HÉRALDIQUE ET GÉNÉALOGIQUE DE FRANCE
56, QUAI DES ORFÈVRES, 56

ET A LA LIBRAIRIE HISTORIQUE DES PROVINCES
39, QUAI DES AUGUSTINS, 39

—

1887

CATALOGUE

DES

MONUMENTS HISTORIQUES

Extrait du Rapport présenté à la Chambre des députés
par M. Antonin Proust, député.

Le service de la conservation des monuments historiques date de 1837. Un arrêté de M. de Montalivet, ministre de l'intérieur, institua la première Commission dite des Monuments historiques. Mais la pensée créatrice de cette branche de nos services publics remonte à une époque beaucoup plus ancienne. C'est vers la fin du xviii° siècle que l'on se préoccupa de faire obstacle aux mutilations dont les édifices qui intéressent l'histoire nationale avaient été victimes dans les siècles antérieurs. Au commencement de ce siècle, Alexandre Lenoir avait formé sous le nom de Musée des monuments français des collections qui constituaient à Paris comme une sorte de table des matières des admirables productions que l'art français a répandues sur toute la surface du territoire. A côté du nom d'Alexandre Lenoir il faut s'empresser d'inscrire ceux de Châteaubriand, de Victor Hugo, d'Augustin Thierry. « Si l'histoire de l'art se lit en effet sur les monuments sortis de nos écoles d'architecture et de sculpture, il n'en est aucun qui ne serve également à l'histoire de nos différents états sociaux. Mieux que tous les livres, les donjons de Coucy et de Gisors, les murailles de Carcassonne et d'Avignon nous instruisent sur la puissance du régime féodal. Toutes nos grandes aven-

tures, tous les traits saillants de notre caractère national, toutes les influences étrangères que la France a subies, sont écrits sur ces livres de pierre »

La première manifestation publique fut un crédit demandé aux Chambres en 1830. Les Chambres accordèrent 80,000 francs sur le budget de 1831. On créa une inspection générale dont M. Vitet fut le titulaire. En 1837, un arrêté de M. de Montalivet, ministre de l'intérieur, institua la première commission des Monuments historiques. Cette commission fut à l'origine composée de huit membres : M. Vatout président; MM. le baron Taylor, Caristie, Vitet, Le Prévost, comte de Montesquiou, Duban, Mérimée.

Le 30 septembre 1839, le ministre de l'intérieur, M. Duchâtel, prend la présidence de la Commission des monuments historiques dont le nombre des membres est porté à douze. M. Mérimée est nommé inspecteur général des monuments. M. Vitet revêt le titre d'inspecteur général honoraire et est nommé président de la Commission. Les sommes dont pouvait disposer la Commission des Monuments avaient été successivement portées de 80,000 francs à 120,000 francs, puis à 200,000 et à 600,000 francs. Jusqu'en 1848, la

Commission garda sa même composition et s'occupa du classement des monuments qui lui étaient signalés par l'inspection générale et par les Sociétés des départements.

Le 30 janvier 1852, la Commission est reconstituée par décret de l'auteur du coup d'Etat de décembre 1851, dans les conditions suivantes : Président, M. Lenormant ; vice-président, M. Caristie ; MM. de Longpérier, Le Prévost, Duban, Mérimée, Ferdinand de Lasteyrie, Paul Lacroix, Labrouste, Léon de Laborde, Questel, de Pastoret, de Montalembert, Varcollier, le directeur des cultes, le directeur des beaux-arts, le chef du bureau des beaux-arts, Courmont, secrétaire de la Commission. Le 20 février, M. Ferdinand de Lasteyrie donne sa démission de membre de la Commission.

Le 15 avril, M. Blanche est nommé à sa place. Le ministre informe la Commission au commencement de l'année 1854 qu'il se propose de porter le crédit ordinaire des Monuments historiques à 900,000 francs, indépendamment du crédit extraordinaire alloué à l'église Notre-Dame de Laon.

Le 6 juin 1857, M. du Sommerard, conservateur du Musée de Cluny, est nommé membre de la Commission. En 1860, 1861, 1862, 1863, 1864, MM. Viollet-le-Duc, Bœswilwald, Beulé, de Saulcy, des Vallières, Millet, de Soubeyran, de Boinvilliers, sont successivement introduits dans la Commission. Jusqu'en 1870, la Commission poursuit ses travaux, présidée par MM. Vitet, de Nieuwerkercke, Alfred Arago, Mérimée.

Le 14 novembre 1871, elle reprend ses séances interrompues par les événements de 1870 sous la présidence de M. Saint-René Taillandier, secrétaire général du ministère de l'instruction publique et des beaux-arts. M. Vitet reprend la présidence jusqu'au mois de janvier 1873. MM. Quicherat, Ruprich-Robert, Abadie, Laisné ont pris place dans la Commission. M. Charles Blanc, directeur des beaux-arts, préside. M. de Soubeyran prend la présidence de 1874 à 1879. En 1879, un décret réorganise la Commission des Monuments historiques et un décret nomme M. Antonin Proust vice-président de la Commission, dont le ministre est président avec le sous-secrétaire d'Etat et le secrétaire général comme vice-présidents.

La Commission est ainsi composée : MM. Abadie, de Baudot, Bœswilwald, Darcy, Denuelle, Gautier, Laferrière, Laisné, Langlois de Neville, de Lasteyrie, Legrand, Lisch, de Mortillet, Quicherat, du Sommerard, Steinheil, Tetreau, Viollet-le-Duc, Ruprich-Robert, Dreyfus, Viollet-le-Duc fils, secrétaire. Dès la première séance qu'il préside, le 30 mai 1879, M. Antonin Proust, après avoir fait connaitre la décision de la Commission du budget d'augmenter de 194,000 francs le crédit de la Commission des Monuments historiques, demande qu'une sous-commission soit désignée pour procéder à un nouveau classement des monuments.

Sont nommés membres de la sous-commission du classement : MM. de Ronchaud, secrétaire général, Abadie, de Baudot, Bœswilwald, Darcy, Laisné, Legrand, Lisch, Ruprich-Robert, Viollet-le-Duc et du Sommerard.

On voit qu'en 1879 la Commission des Monuments historiques s'occupa de réaliser les projets qui avaient été à plusieurs reprises indiqués depuis 1837.

Le classement des monuments fut adopté sur le rapport de M. Viollet-le-Duc.

Monuments antiques

AIN

Belley. — Fragments antiques.
Izernore. — Ruines d'un temple antique.
Vieux. — Aqueduc.

AISNE

Soissons. — Théâtre romain dans le séminaire.
Soissons. — Restes de remparts romains dans l'évêché.
Vermand. — Camp romain.

ALLIER

Néris. — Monuments antiques.

ALPES (BASSES-)

Céreste. — Deux ponts romains.
Riez. — Colonnes antiques.

ALPES (HAUTES-)

Chorges. — Restes d'un temple antique transformé en église.

ALPES-MARITIMES

Cimiez. — Arènes.
La Turbie. — Ruines de la tour dite d'Auguste.
Vence. — Colonnes romaines.

ARDÈCHE

Bourg-Saint-Andéol. — Bas-relief Mythiaque.
Sarras. — Ruine romaine dite la Sarrasinière.

ARDENNES

Mouzon. — Bas-reliefs dans l'église.

BOUCHES-DU-RHÔNE

Aix. — Camp d'Entremont.
— Bains dits de Sextius
Arles. — Amphithéâtre.
— Restes du forum.
— Restes de remparts.
— Colonne dite de St-Lucien.
— Obélisque.
— Restes du Palais de Constantin.
— Théâtre.
— Restes d'un aqueduc de Barbegal.
Marseille. — Caves de Saint-Sauveur.

La Penne. — Pyramide dite la Pennelle.
Saint-Chamas. — Pont Flavien.
Saint-Rémy. — Arc-de-Triomphe.
— Mausolée.
Salon. — Murailles et fragments romains.
Vernègues. — Tombeaux antiques.
— Temple de la Maison-Basse.

CHARENTE

Brossac. — Restes de la villa romaine de Lacou-Dausena
Brossac. — Restes d'un aqueduc.
Saint-Cybordeaux. — Théâtre des Bouchauds.

CHARENTE-INFÉRIEURE

Le Douhet. — Aqueduc.
Ebéon. — Pyramide.
Saintes. — Cirque romain.
— Restes de l'amphithéâtre.
Saint-Romain-de-Bénet. — Tour de Pire-Longue.
Saint-Romain-de-Bénet. — Camp dit de César.

CHER

Bourges. — Restes de remparts gallo-romains.
Drevant. — Ruines romaines.

CORRÈZE

Naves. — Arènes de Tintiniac.

CORSE

Appriciani. — Figure antique.

CÔTE-D'OR

Cussy. — Colonne romaine.
Vertault. — Ruines de Vertibium.

CÔTES-DU-NORD

Corseul. — Ruines romaines dites Temple de Mars.
Plédran. — Camp vitrifié de Plédran.

CREUSE

Évaux. — Thermes.

DORDOGNE

Périgueux. — Amphithéâtre.
— Tour de Vésone.
— Porte romaine.
— Fragments romains dans le château Barrière.

DOUBS

Besançon. — Porte Noire.
—   Fragments antiques dans un square.

DROME

Die. — Porte Saint-Marcel.
—   Arc-de-Triomphe.
—   Trois autels tauroboliques.

EURE-ET-LOIR

Saint-Piat. — Sarcophage dans l'église.

FINISTÈRE

Carhaix. — Aqueduc.

GARD

Aigues-Mortes. — Tour de Constance.
Gallargues. — Tour romaine.
—   Pont romain.
Nîmes. — Amphithéâtre.
—   Maison-Carrée.
—   Temple de Diane.
—   Thermes.
—   Château - d'Eau (Castellum divisorium).
—   Porte d'Auguste.
—   Porte de France.
—   Tour Magne.
Remoulins. — Pont du Gard.

GERS

Biran. — Tour gallo-romaine.
Saint-Lary. — Tour gallo-romaine.

GIRONDE

Bordeaux. — Restes d'un amphithéâtre, dit Palais-Gallien.

HÉRAULT

Saint-Thibéry. — Restes d'un pont romain.

INDRE-ET-LOIRE

Luynes Cinq-Mars-la-Pile. — Restes d'un aqueduc gallo-romain.
Tours. — Murailles romaines dans l'archevêché.

ISÈRE

Vienne. — Aiguille.
—   Escaliers antiques.
—   Théâtre antique.
—   Temple d'Auguste et de Livie.

LANDES

Dax. — Enceinte gallo-romaine.

LOIR-ET-CHER

Thésée. — Ruines d'un monument romain.

HAUTE-LOIRE

Le Puy. — Fragments antiques dans le chœur de la cathédrale.
Le Puy. — Fragments antiques dans le baptistère Saint-Jean.

LOIRET

Montbony. — Amphithéâtre de Chennevière.

LOT

Cahors. — Arc de Diane.

LOT-ET-GARONNE

Aiguillon. — Tours dites Tourasse et Pirelongue.
Moncrabeau. — Restes de la villa romaine de Baptiste.
Montflanquin. — Ruines romaines.
Nérac. — Mosaïques et ruines romaines.

LOZÈRE

Lanuéjols. — Tombeau romain.

MANCHE

Valognes. — Ruines romaines d'Allonia.

MARNE

La Cheppe. — Camp romain.
Reims. — Mosaïque dans le musée.
—   Porte de Mars.
—   Tombeau de Jovin dans la chapelle de l'archevêché.

MARNE (HAUTE-)

Fontaine-sur-Marne. — Restes d'un aqueduc romain sur la montagne de Châtelet.
Langres. — Arc de triomphe.

MAYENNE

Jublains. — Ruines romaines.
—   Castellum.

MEURTHE-ET-MOSELLE

Jœuf. — Hypogée.
Longwy. — Camp romain de Titelberg.

MEUSE

Naix. — Ruines romaines de Nasium.

NIÉVRE

Biches. — Ruines romaines de Villars.

NORD

Bavay, — Ruines romaines (restes de thermes et d'un aqueduc).
Famars.— Ruines romaines.

OISE

Beauvais.— Restes de remparts gallo-romains.
Champlieu. — Restes de monuments gallo-romains (temple, théâtre, thermes).
Senlis. — Arènes.

PUY-DE-DÔME

Clermont.— Murailles dites des Sarrasins.
Mont-Dore. — Fragments antiques.
Arcines. — Reste d'un temple de Mercure au sommet du Puy-de-Dôme.
Royat. — Restes de thermes antiques.

PYRÉNÉES (BASSES-)

Bielle.— Mosaïques romaines.
Bayonne. — Restes de l'enceinte romaine.

PYRÉNÉES-ORIENTALES

Céret.— Pont sur le Tech.

RHÔNE

Chaponost et Bonirant. — Restes de l'aqueduc du mont Pila.
Lyon. — Conserve d'eau, dite les bains romains, dans le nouveau séminaire.
Sainte-Colombe.— Ruines romaines.

SAÔNE (HAUTE-)

Luxeuil. — Thermes et inscriptions antiques.
Membrey. — Ruines et mosaïques romaines.

SAÔNE-ET-LOIRE

Autun.— Porte d'Arroux.
—   Saint-André.
—   Temple de Janus.
—   Théâtre romain.
—   Pyramide de Couhard.

SARTHE

Le Mans. — Restes de l'enceinte romaine.

SAVOIE

Aix-les-Bains. — Temple romain dit de Diane.

SAVOIE (HAUTE-)

Saint-Gervais. — Inscription romaine découverte au col de Forclay.

SEINE

Arcueil. — Restes d'un aqueduc.
Paris. — Palais des Thermes.
—   Arènes de Lutèce.

SEINE-INFÉRIEURE

Lillebonne.— Théâtre romain.
Sainte-Marguerite-sur-Mer. — Mosaïques romaines P. p.

SOMME

L'Etoile. — Camp romain.
Liercourt. — Camp romain.
Picquigny. — Camp romain de Tirancourt.

VAR

Fréjus. — Amphithéâtre.
—   Aqueduc.
—   Porte dorée.
—   Restes du quai de l'ancien port.
—   Restes des remparts.
—   Citadelle.
—   Restes des Thermes.

VAUCLUSE

Apt. — Pont Julien.
Cadenet. — Vasque antique dans l'église.
Carpentras.—Arc antique dans la cour du Palais de Justice.
Cavaillon. — Arc antique.
Orange.— Arc antique dit de Marius.
—   Amphithéâtre.
—   Théâtre.
Vaison. — Pont romain.
—   Amphithéâtre.

VIENNE

Poitiers. — Restes des arènes.
—   Hypogée.
Sanxay. — Ruines gallo-romaines.

VOSGES

Grand. — Ruines d'amphithéâtre.
—   Ruines du Temple.
—   Mosaïque.

Monuments du Moyen-âge, de la Renaissance et des temps modernes.

AIN

Briord. — Inscriptions mérovingiennes dans le château.
Bourg. — Eglise de Brou.
Nantua. — Portail de l'église.
Saint-André-de-Bagé. — Eglise.
St-Paul-de-Varax. — Portail de l'église.

AISNE

Berzy-le-Sec. — Eglise.
Braisne. — Eglise Saint-Yved.
Château-Thierry. — Porte Saint-Pierre.
Coucy-le-Château. — Château. P. E.
Coucy-le-Château. — Façade et fonts baptismaux de l'église.
Coucy-le-Château. — Porte de Laon et remparts. P. C. et P. p.
Essommes — Eglise.
Fère-en-Tardenois. — Château. P. p.
Ferté-Milon (La). — Château.
— Vitraux de l'église.
Foigny. — Pierre funéraire de Barthélemy de Vire, évêque de Laon, dans l'église.
Laon. — Ancien évêché et chapelle (aujourd'hui Palais de Justice). P. d.
— Chapelle des Templiers.
— Eglise Notre-Dame et cloître (ancienne cathédrale).
— Eglise Saint-Martin.
— Porte de Soissons.
Longpont. — Ruines de l'ancienne abbaye.
Marle. — Eglise.
Mézy-Moulins. — Mont Notre-Dame.
— Restes de l'église, crypte. P. p.
Nouvion-le-Vineux. — Eglise.
Prémontré. — Ancienne abbaye (aujourd'hui asile d'aliénés).
Royaucourt. — Eglise Saint-Julien.
Saint-Michel-en-Thiérache. — Chœur et transept de l'église.
Saint-Quentin. — Eglise (ancienne collégiale).
Saint-Quentin. — Façade et salle du conseil de l'hôtel de ville.
Soissons. — Restes de l'abbaye Notre-Dame.

Soissons. — Cathédrale.
— Eglise Saint-Léger.
— Clochers et cloîtres de l'abbaye de Saint-Jean-des-Vignes. P. C. affectés au service de la guerre.
— Crypte de l'abbaye de Saint-Médard (institution de sourds-muets). P. p.
— Eglise Saint-Pierre-au-Parvis. P. C.
Trucy. — Eglise.
Vauclair. — Grange de l'abbaye.
Vermand. — Fonts baptismaux dans l'église.
Vailly. — Eglise.
Urcel. — Eglise.

ALLIER

Biozat. — Eglise.
Bourbon-l'Archambault. — Eglise.
— Château. P. p.
Buxières-la-Grue. — Eglise.
Chantelle. — Abbaye.
Chatel-Montagne. — Eglise.
Cognat. — Eglise.
Ebreuil. — Eglise.
Franchesse. — Eglise.
Huriel. — Eglise et restes de l'enceinte fortifiée. P. C.
— Donjon.
La Palisse. — Château. P. p.
Meillers. — Eglise.
Montet-aux-Moines. — Eglise.
Moulins. — Cathédrale Notre-Dame.
— Tombeau du duc Henri II de Montmorency, dans la chapelle du Lycée.
— Restes du château des ducs de Bourbon (aujourd'hui prison et gendarmerie).
Néris. — Eglise.
Saint-Désiré. — Eglise.
Saint-Menoux. — Eglise.
Saint-Pourçain. — Eglise.
Souvigny. — Ancienne église Saint-Marc. P. p.
— Eglise paroissiale.
Vallon. — Eglise.
Veauce. — Eglise.
Vicq. — Crypte de l'église.
Ygrande. — Eglise.

ALPES (BASSES-)

Allos.— Eglise N.-D. de Valvert.
Barcelonnette. — Tour de l'Horloge.
Digne. — Eglise Notre-Dame (ancienne cathédrale).
Gréoulx. — Château des Templiers.
Ganagobie.—Porte de l'église.
Manosque. — Clocher de l'église.
— Porte de la Saunerie.
Seyne. —Eglise.
Simiane.— Rotonde.
Sisteron. — Eglise.
— Restes de l'ancienne enceinte.

ALPES (HAUTES-)

Argentière (L'). — Chapelle Saint-Jean.
Chorges. — Eglise.
Embrun. — Eglise Notre-Dame (ancienne cathédrale).
Lagrand.— Eglise.
Tallard.— Chapelle du château.

ALPES-MARITIMES

Ile Saint-Honorat. — Château.
Vence.— Bas-reliefs mérovingiens dans l'ancienne cathédrale.
— Chapelle Saint-Sauveur.
— Chapelle de la Trinité.
— Ancien cloître.
— Bas-relief au-dessus de la porte est de l'église Saint-Honorat.

ARDÈCHE

Bourg-Saint-Andéol. — Eglise.
Champagne.— Eglise.
Cruas.— Eglise.
— Ruines du château. P. C.
Mazan.— Eglise de l'ancienne abbaye.
Mélas.— Eglise.
Thines.— Eglise.
Viviers. — Clocher de la cathédrale Saint-Vincent.
Viviers.— Maison des Chevaliers. P. p.
Vallon.— Tapisseries de l'hôtel de ville.

ARDENNES

Mouzon.— Eglise.
Rethel.— Eglise Saint-Nicolas.
Saint-Vaubourg.— Eglise.
Thugny.— Château.
Verpel.—Eglise.
Vouziers.— Portail de l'église.

ARIÈGE

Foix. — Château. P. C.
Garde (La). — Clocher de l'église. Ruines du château. P. p.
Mirepoix. — Façades des maisons de la place du Marché. P. p.
Montségur.— Ruines du château. P. p.
Sabart. — Chapelle.
Saint-Lizier. — Eglise Notre-Dame (ancienne cathédrale) et cloître.
Unac. — Eglise.

AUBE

Arcis-sur-Aube.— Eglise.
Bar-sur-Aube. — Eglise Saint-**Maclou**.
— Eglise Saint-Pierre.
Bérulles.— Eglise.
Chaource.— Eglise.
Chappes.— Eglise.
Ervy.— Vitraux de l'église.
Fouchères.— Eglise.
Lhuitre. — Eglise.
Monticramey.—Eglise.
Mussy-sur-Seine.—Eglise.
Nogent-s.-Seine. — Chapelle du XVIe siècle et clocher de l'église St-Laurent.
Ricey-Bas. — Eglise.
Rosnay.— Eglise.
Rumilly-lez-Vaudes.— Eglise.
Saint-André.— Eglise.
Troyes.—Cathédrale Saint-Pierre.
— Chapelle Saint-Gilles.
— Eglise de la Madeleine.
— Eglise Saint-Jean.
— Vitraux de l'église **Saint-Martin-ès-Vignes**.
— Eglise Saint-Nizier.
— Eglise Saint-Pantaléon.
— Eglise Saint-Urbain.
— Eglise Saint-Nicolas.
— Grille de l'Hôtel-Dieu.
— Hôtel de Marizy. P. p.
— Hôtel de Mauroy. P. p.
— Hôtel de Vauluïsant. P. p.
— Maison de l'élection. P. p.
Villemaur.— Jubé de l'église.
Villenauxe.—Eglise.

AUDE

Alet. — Restes de l'ancienne cathédrale.
Alet. — Restes du palais épiscopal.
Carcassonne. — Eglise Saint-Nazaire.
— Cathédrale St-Michel.

*

Carcassonne. — Fortifications de la Cité.
Fontfroide (voy. Narbonne).
Montréal. — Eglise Saint-Vincent.
Narbonne.— Eglise St-Just (ancienne cathédrale).
— Eglise Saint-Paul.
— Ancien Archevêché (auj. Hôtel de Ville).
— Vieux-Pont.
— Cloître de l'ancienne abbaye de Fontfroide. P. p.
Rieux-Minervois. — Eglise.
Saint-Hilaire. — Eglise et cloître.
Saint-Papoul. — Eglise et cloître.

AVEYRON

Belmont. — Clocher de l'église de l'ancienne abbaye.
Bonneval (voy. Espalion).
Bournazel. — Château.
Conques. — Eglise Sainte-Foy.
Espalion. — Ruines de l'abbaye de Bonneval.
Espalion. — Chapelle de Perse.
Nant. — Eglise Saint-Pierre.
Perse (voy. Espalion).
Rodez. — Cathédrale Notre-Dame.
— Maison des Anglais. P. p.
— Maison d'Armagnac.
Saint-Affrique. — Pont.
Sylvanès. — Ancienne abbaye. P. c.
Villefranche. — Ancienne Chartreuse (aujourd'hui Hospice civil). P. c.
Najac. — Ruines du château. P. p.

BOUCHES-DU-RHÔNE

Aix.—Cathédrale St-Sauveur et cloître.
— Eglise Saint-Jean.
— Tour de l'Horloge.
— Maisons de la Renaissance, rues..
Arles.—Chapelle des Porcelets-aux-Aliscamps.
— Chapelle Sainte-Croix-de-Mont-majour.
— Ancienne abbaye de Mont-majour.
Arles. — Ancienne église Sainte-Anne (aujourd'hui Musée lapidaire).
Arles. — Eglise basse Saint-Césaire.
— Eglise et cloître St-Trophime.
— Eglise Saint-Honorat-des-Aliscamps.
— Monuments des Aliscamps.

Les Baux. — Château. P. p.
— Remparts.
— Maisons.
— Eglise.
— Pavillon de Mistral. P. p.
Les Saintes-Maries. — Eglise.
Marseille. — Eglise de l'abbaye Saint-Victor et souterrains.
Marseille. — Eglise de la Major.
— Halle Puget.
Saint-Gabriel (voy. Tarascon).
Saint-Rémy. — Maison du Planet. P. p.
— Cloître (auj. asile d'aliénés). P. p.
Salon. — Eglise Saint-Laurent.
Silvacane (voy. La Roque d'Antheron).
Tarascon. — Château.
— Eglise Sainte-Marthe.
— Chapelle de St-Gabriel.
— Tour de Saint-Gabriel.
Roque d'Antheron (La). — Ancienne abbaye de Silvacane. P. p.

CALVADOS

Asnières. — Eglise.
Audrieu. — Eglise.
Bayeux. — Cathédrale Notre-Dame.
— Chapelle du Séminaire.
— Tapisserie de la Reine Mathilde dans la bibliothèque.
— Maison dite du Gouverneur, rue Bourbeneur. P. p.
— Maison, rue Saint-Malo, nº 4. P. p.
— Maison, rue des Cuisiniers, nº 1. P. p.
— Maison, place de la Cathédrale. P. p.
Bény-sur-Mer. — Clocher de l'église.
Bernières. — Eglise.
Bricqueville. — Eglise.
Caen.—Ancien séminaire (auj. lycée.)
— Eglise Sainte-Trinité (ancienne abbaye aux Dames).
— Eglise Saint-Etienne (ancienne abbaye aux Hommes).
— Eglise Notre-Dame.
— Eglise Saint-Gilles.
— Eglise Saint-Jean.
— Eglise Saint-Pierre.
— Eglise Saint-Nicolas.
— Clocher de l'église de Vaucelles.
— Hôtel d'Escoville (auj. Bourse et Tribunal de commerce).

Caen. — Maison des Gendarmes. P. p.

— Maison de la Renaissance, rue St-Pierre, nᵒˢ 54 et 58. P. p.

— Hôtel des Monnaies.

— Hôtel de Thaon, rue Saint-Jean. P. p.

— Hôtel Quatran, rue de Geôle, nᵒ 31.

— Hôtel de Mondrainville. P. p.

— Maison en Bois, rue St-Jean. nᵒ 94.

— Château.

Campigny. — Tour de l'église et tombeaux dans la chapelle sud.

Colleville-sur-Mer. — Eglise.

Colombiers-sur-Seulles. — Tour de l'église.

Creuilly. — Eglise.

Douvres. — Clocher de l'église.

Etreham. — Eglise.

Falaise. — Château. P. c.

— Eglise Saint-Gervais.

— Eglise de la Trinité.

Fervacques. — Château. P. p.

Fontaine-Henri. — Eglise.

— Château. P. p.

Formigny. — Eglise.

Fresne-Camilly (Le). — Eglise.

Honfleur. — Eglise Sainte-Catherine.

Langrune. — Eglise.

Lisieux. — Eglise Saint-Pierre.

— Maison, rue aux Fèves.

Louvières. — Eglise.

Luc. — Clocher de l'église.

Maizières. — Eglise.

Marigny. — Eglise.

Mouen. — Eglise.

Norrey. — Eglise.

Ouistreham. — Eglise.

Rouvres. — Eglise.

Rucqueville. — Eglise.

Ryes. — Eglise.

Saint-Contest. — Eglise.

St-Gabriel. — Ruines du Prieuré. P. C.

Saint-Loup-hors-Bayeux. — Eglise.

Saint-Pierre-sur-Dive. — Eglise.

Saint-Sever. — Eglise.

Secqueville-en-Bessin. — Eglise.

Thaon. — Eglise.

Touques. — Eglise Saint-Pierre.

Tour. — Eglise.

Vieux-Pont-en-Auge. — Eglise.

Vire. — Eglise.

— Porte de l'Horloge. P.-C.

Ver-sur-Mer. — **Tour de l'Eglise.**

Brageac. — Eglise.

Bredous. — Eglise.

Mauriac. — Eglise Notre-Dame-des-Miracles.

Saint-Cernin. — Boiseries de l'église.

Saint-Martin-Valmeroux. — Eglise.

Tournemire. — Château d'Anjony. P.-p.

Villedieu. — Eglise.

Ydes. — Eglise.

Angoulême. — Cathédrale Saint-Pierre.

Aubeterre. — Eglise.

Bassac. — Eglise.

Cellefrouin. — Lanterne des morts.

Charmant. — Eglise.

Châteauneuf. — Eglise.

Cognac. — Portail de l'église.

Couronne (La). — Ruines de l'abbaye. P. p.

Courcôme. — Eglise.

Gensac. — Eglise.

Lesterps. — Eglise.

Montbron. — Eglise.

Montmoreau. — Eglise.

Mouthiers. — Eglise.

Plassac. — Eglise.

Rioux-Martin. — Eglise.

Rochefoucauld (La). — Château. P. p.

Roullet. — Eglise.

Saint-Amant-de-Boixe. — Eglise.

Saint-Michel-d'Entraigues. — Eglise.

Trois-Palis. — Eglise.

Aulnay. — Eglise Saint-Pierre.

Brouage. — (Voy. Hiers-Brouage).

Chadenac. — Eglise.

Eschillais. — Eglise.

Esnandes. — Eglise.

Fénioux. — Eglise.

— Lanterne des morts.

Hiers-Brouage. — Fortifications de Brouage.

Marennes. — Eglise.

Pons. — Chapelle Saint-Gilles.

— Donjon.

— Passage de l'Hôpital.

Rochelle (La). — Hôtel de ville.

— Fortifications.

Rétaux. — Eglise.

Saint-Denis-d'Oléron. — Eglise.

Saint-Pierre-d'Oléron. — Lanterne des morts dans le cimetière.

Sainte-Gemme. — Eglise.
Saintes. — Eglise Saint-Eutrope.
Saintes. — Ancienne église Sainte-Marie-des-Anges (affectée au service de la guerre).
Saintes. — Eglise Saint-Pierre (ancienne cathédrale).
Surgères. — Eglise.

CHER

Ainay-le-Viel. — Château. P. p.
Aix-d'Angillon. — Eglise.
Aubigny-Ville. — Château. P. p.
— Eglise.
Bourges. — Cathédrale Saint-Etienne.
— Vitraux de l'église Saint-Bonnet.
— Hôtel Cujas. P. c.
— Hôtel de Jacques-Cœur (auj. Palais de Justice).
— Hôtel Lallemant.
— Porte Saint-Ours (à la Préfecture).
Celle-Bruère (La). — Eglise.
— Ancienne abbaye de Noirlac. P. p.
Charly. — Eglise.
— Tombe d'un chevalier dans le cimetière.
Châteaumeillant. — Eglise.
Condé. — Eglise.
Culan. — Château de Croï. P. p.
Dun-sur-Auron. — Eglise.
Incuil. — Eglise.
Jars. — Eglise.
Massay. — Chapelle. P. p.
Mehun-sur-Yèvre. — Château. P. c.
— Eglise.
Meillant. — Château. P. p.
Noirlac. (Voy. Celle-Bruère).
Plainpied. — Eglise.
Saint-Amand-Mont-Rond. — Eglise.
Saint-Pierre-des-Etieux. — Eglise.
Saint-Satur. — Eglise.
Sancerre. — Château. P. p.

CORRÈZE

Arnac-Pompadour. — Eglise.
Aubazine. — Eglise.
Beaulieu. — Eglise.
Brives. — Eglise Saint-Martin.
— Petit Séminaire.
— Maison à Tourelles. P. p.
Meymac. — Eglise.

Saint-Angel. — Eglise.
Saint-Cyr-la-Roche. — Eglise.
Saint-Robert. — Eglise.
Ségur. — Chapelle.
Tulle. — Cathédrale Notre-Dame.
— Maison Sage, place de la Cathédrale.
Turenne. — Tour dite de César. P. E.
Uzerche. — Eglise.
Vigeois. — Eglise.

CORSE

Aregno. — Eglise.
Bonifacio. — Eglise Saint-Dominique.
Carbini. — Eglise.
Cervione. — Eglise Sainte-Christine.
Borgo. — Eglise de la Canonica.
— Chapelle de San Perteo.
Luri. — Tour de Sénèque.
Murato. — Eglise Saint-Michel.
— Eglise Sainte-Césaire.
Saint-Florent. — Eglise (anc. cath. de Nibbio).

CÔTE-D'OR

Aignay-le-Duc. — Eglise.
Arnay-le-Duc. — Eglise et porte de l'ancien Prieuré.
Beaune. — Eglise Notre-Dame.
— Hôpital. P. C.
— Beffroi.
— Hôtel Meursault, pl. Monge. P. p.
Bussy-le-Grand. — Château de Bussy-Rabutin, P. p.
Châtillon-sur-Seine. — Peinture de l'église Saint-Vorle.
Couchey. — Croix du cimetière.
Dijon. — Portail de l'ancienne Chartreuse.
Dijon. — Cathédrale Saint-Bénigne.
— Puits de Moïse.
— Eglise Notre-Dame.
— Eglise Saint-Jean.
— Eglise Saint-Etienne.
— Eglise Saint-Michel.
— Eglise Saint-Philibert.
— Palais des ducs de Bourgogne.
— Restes du château.
— Palais de Justice.
— Hôtel Chambellon des Ambassadeurs d'Angleterre, P. p.
— Hôtel de Vogué, P. p.

Dijon. — Maison, dite des ambassadeurs d'Espagne, 5, rue des Forges. P. p.
— Maison Milsand, rue des Forges, 38. P. p.
— Maison, rue du Bourg, 8. P. p.
— Maison et échanquette d'une maison, rue Vannerie, 66. P. p
Flavigny. — Eglise.
— Portes de ville.
Foissy. — Tabernacle de l'église.
Marmagne. — Abbaye de Fontenay. P. p.
Meursault. — Eglise.
Montbard. — Tour du château. P. p.
Plombières. — Clocher de l'église.
Rouvres. — Eglise.
Saint-Seine. — Eglise.
Saint-Thibault. — Eglise.
Saulieu. — Eglise.
Semur. — Eglise.
— Château. P. c.
Thil-Châtel. — Eglise.
Thoisy-la-Berchère. — Château. P. p.

CÔTES-DU-NORD

Chatelandren. — Peintures du prieuré de Notre-Dame du Tertre.
Dinan. — Eglise Saint-Sauveur.
— Remparts et portes.
— Château de la reine Anne (aujourd'hui prison).
Kérity. — Ruines de l'abbaye de Beauport.
Lamballe. — Eglise Notre-Dame.
Lanleff. — Ruines du Temple.
Lannion. — Crypte de l'église Saint-Pierre.
Lehon. — Ruines du prieuré. P. p.
Merléac. — Vitraux et peintures de la chapelle Saint-Jacques, à Saint-Léon.
Moncontour. — Eglise.
Plouha. — Restes de peintures murales dans la chapelle de Kermaria-an-Isquit.
Saint-Brieuc. — Tour de Cesson.
— Hôtel de Rohan. P. p.
— Hôtel des ducs de Bretagne, P. p.
Saint-Léon. — *Voyez* Merléac.
Tonguedec. — Château, P. p.
Tréguier. — Ancienne cathédrale et cloître.
Yvignac. — Eglise.

CREUSE

Bénévent. — Eglise.
Chambon. — Eglise Sainte-Valérie.
Chénerailles. — Tombeau de Barthélemy de la Place, dans l'église.
Felletin. — Lanterne des morts.
La Souterraine. — Eglise.
Saint-Pierre-de-Fursac. — Vitraux de l'église.
Moustier d'Ahun (L. f.). — Stalles et boiseries du chœur de l'église.

DORDOGNE

Biron. — Chapelle du château. P. p.
Bourdeilles. — Château. P. p.
Brantôme. — Abbaye.
Bussière-Badil. — Eglise.
Cadouin. — Cloître et peintures.
Cercles. — Eglise.
Domme. — Porte des tours. P. c.
Grand-Brassac. — Eglise.
Hautefort. — Château. P. p.
Jumillac-le-Grand. — Château. P. p.
Mareuil-sur-Belle. — Château. P. p.
Montpazier. — Eglise.
Périgueux. — Cathédrale Saint-Front, façade de l'église latine et cloître.
Périgueux. — Eglise Saint-Etienne de la Cité.
— Chapelle de l'ancien évêché.
— Tour Mataguerre.
— Château Barrière.
— Maison de la Renaissance, rue Limogeanne, nos 44, 46 et 48, P. p.;
Maison, rue Equillerie, 4. P. p.;
Maison, quai de l'Isle, 30 et 32.
Saint-Astier. — Château de Puyferrat, P. p.
Saint-Avit-Sénieur. — Eglise.
Saint-Amand-de-Coly. — Eglise.
Saint-Jean-de-Cole. — Eglise.
Saint-Privat. — Eglise.
Sainte-Croix. — Eglise.
Sarlat. — Ancienne cathédrale.
— Chapelle sépulcrale.
— Maison de la Boëtie, place de la Cathédrale.
— Maison du xve siècle, rue Gambetta. P. p.
— Maison de la Renaissance, place des Halles. P. p.

Tocane Saint-Apre. — Donjon de Vernode.

Puyguilhem. — Château. P. p.

DOUBS

Besançon. — Cathédrale Saint-Jean et Saint-Etienne.
— Eglise Saint-Vincent,
— Palais Granvelle. P. C.

Courtefontaine. — Eglise.

Montbenoit. — Stalles de l'église.
— Cloître.

Morteau. — Eglise de l'ancien prieuré.

Roullans. — Chapelle d'Aigremont.

Sept-Fontaines. — Ancienne église abbatiale.

DRÔME

Chabrillan. — Eglise.

Crest. — Tour.

Die. — Ancienne cathédrale,

Garde-Adhémar (La). — Chapelle du Val-des-Nymphes. P. p.

Garde-Adhémar (La). — Eglise.

Grignan. — Château. P. p.
— Eglise.

Lachau. — Eglise Notre-Dame de Calma.

Léoncel. — Eglise.

Montélimar. — Château (aujourd'hui prison).

Romans. — Eglise Saint-Barnard.

Saint-Marcel-lez-Sauzet. — Eglise.

Saint-Restitut. — Eglise.

Saint-Paul-Trois-Châteaux. — Ancienne cathédrale.

Valence. — Cathédrale St-Apollinaire.
— Le Pendentif.

EURE

Andelys (les). — Eglise du Grand-Andely.
— Eglise du Petit-Andely.
— Ruines du château Gaillard.

Appeville. — Eglise.

Beaumesnil. — Château. P. p.

Beaumontel. — Tour de l'église.

Bec Hellouin (le). — Tour de l'abbaye.

Bernay. — Ancienne église de l'abbaye (aujourd'hui halle au blé).

Bernay. — Vitraux de l'église Notre-Dame-de-la-Couture.

Boiney. — Eglise.

Broglie. — Eglise.

Chambray-sur-Eure. Château. P. p.

Conches. — Eglise.
— Donjon.

Evreux. — Cathédrale.
— Eglise Saint-Thaurin.
— Tour de l'horloge.

Fontaine-la-Soret. — Eglise.

Gaillon. — Eglise.

Gisors. — Eglise.
— Ruines du château.

Harcourt. — Eglise.
— Château.

Ivry-la-Bataille. — Obélisque.

Louviers. — Eglise Notre-Dame.

Plainville. — Eglise.

Pont-Audemer. — Vitraux de l'église Saint-Ouen.
— Eglise St-Germain,

Pont-de-l'Arche. — Vitraux de l'église.
— Abbaye de Bon-Port.

Quillebeuf. — Eglise.

Rugles. — Tour de l'église.

Saint-Luc. — Eglise.

Serquigny. — Portail de l'église.

Thevray. — Tour.

Thibouville. — Eglise.

Tillières. — Eglise.

Verneuil. — Eglise de la Madeleine.
— Donjon.
— Remparts.
— Maison de la Renaissance à l'angle de la rue du Canon et de la rue de la Madeleine. P. p.

Vernon. — Eglise.
— Tour des Archives.

EURE-ET-LOIR

Alluyes. — Château. P. p.

Anet. — Château. P. p.

Bonneval. — Ancienne abbaye (aujourd'hui asile d'aliénés).

Brou. — Maison en bois.

Chartres. — Cathédrale Notre-Dame.
— Eglise Saint-Aignan.
— Eglise Saint-Pierre.
— Chapelle de l'hôpital Saint-Brice. P. c.
— Ancienne église de Loëns,
— Ancienne église St-André.
— Maison du médecin, rue du Grand-Cerf. P. p.
— Escalier de la maison dite de la Reine-Berthe. P. p.

Chartres. — Porte Guillaume.

Châteaudun. — Façade de la chapelle de Champdé.
— Château. P. p.
Courtalain. — Château. P. p.
Dreux. — Eglise Saint-Pierre.
— Hôtel de ville.
Gallardon. — Eglise.
— Maison en bois. P. p.
Maintenon. — Château. P. p.
— Aqueduc.
Minières. — Chapelle des Trois-Maries.
Montigny-le-Gannelon.—Château.P.p.
Nogent-le-Rotrou. — Tombeau de Sully dans l'hospice.
Saint-Lubin-des-Joncherets. — Verrières de l'église.
Sorel. — Château.
Villebon. — Château. P. p.

FINISTÈRE

Daoulas. — Eglise et cloître de l'ancienne abbaye.
— Chapelle Sainte-Anne.
Foloet (le). — Eglise Notre-Dame.
Goulven. — Eglise.
Guerlesquin. — Prétoire.
Kérouzéré. — (Voy. Sibiril).
Lambades. — Eglise.
Lanmeur, — Crypte de l'église.
Locronan. — Eglise.
Loctudy. — Eglise.
Morlaix. — Maison de la Reine Anne.
Penmarc'h. — Eglise.
Pleyben. — Eglise.
— Calvaire.
Ploogastel-Saint-Germain. — Eglise.
Plougastel-Daoulas. — Calvaire.
Plougonvelin. — Ruines de l'abbaye Saint-Mathieu.
Pont-Croix. — Eglise.
Quimper. — Cathédrale Saint-Corentin.
— Chapelle épiscopale.
— Eglise de Loc-Maria.
Quimperlé. — Eglise Sainte-Croix.
Roscoff. — Eglise.
Saint-Jean-du-Doigt. — Eglise.
— Fontaine.
Saint-Pol-de-Léon. — Ancienne cathédrale.
— Eglise Notre-Dame du Creisker.
Saint-Tégonnec. — Eglise.
— Calvaire.
— Ossuaire.

Sibiril. — Château de Kérouzéré. P. p.
Sizon. — Arc.

GARD

Aigues-Mortes. — Remparts.
— Tours de Constance et Carbonnière.
Beaucaire. — Chapelle Saint-Louis.
— Château. P. c.
Nîmes. — Façade de la cathédrale Notre-Dame.
Saint-Gilles. — Eglise.
— Maison romane. P. c.
Uzès. — Tour de l'ancienne cathédrale dite campanile ou tour Fénestrelle.
Uzès. — Crypte. P. p.
— Château dit le Duché. P. p.
Villeneuve-lez-Avignon. — Château dit Fort-Saint-André.
Villeneuve-lez-Avignon. — Chapelle dans l'enceinte du Fort-Saint-André.
Villeneuve-lez-Avignon. — Ruines de l'église de la Chartreuse et fresques.
Villeneuve-lez-Avignon. — Eglise Saint-Pons.
Villeneuve-lez-Avignon, — Tombeau d'Innocent VI et tableau dans la chapelle de l'hôpital.
Villeneuve-lez-Avignon. — Tour dite de Philippe-le-Bel.
Villeneuve-lez-Avignon. — Oratoire de Belle-Croix.

GARONNE (HAUTE-)

Montsaunès. — Eglise.
Saint-Aventin. — Eglise.
Saint-Bertrand de Comminges. — Ancienne cathédrale et cloître.
Saint-Gaudens. — Eglise.
Toulouse. — Capitole et donjon.
— Cathédrale Saint-Etienne.
— Eglise et couvent des Jacobins.
— Eglise Saint-Sernin et Manécanterie.
— Eglise du Taur.
— Ruines de l'église des Cordeliers.
— Façade de l'église de la Dalbade.
— Ancien couvent des Augustins (aujourd'hui musée).
Toulouse. — Collège Saint-Raymond.
— Maison de Pierre. P. p.

Toulouse. — Hôtel Bernuy (auj. lycée)
— Hôtel d'Assézat. P. p.
— Hôtel Felzins. P. p.
— Hôtel de Lasbordes. P. p.
Valcabrère. — Eglise Saint-Just.
Vénerque. — Eglise.

GERS

Auch. — Verrières et chœur de la cathédrale Sainte-Marie.
Bassouès. — Donjon.
Condom. — Ancienne cathédrale.
Fleurance. — Façade et vitraux de l'église.
Lombez. — Eglise.
Simorre. — Eglise.

GIRONDE

Aillas. — Eglise.
— Ruines du château.
Bazas. — Eglise Saint-Jean (ancienne cathédrale).
Bégadan. — Eglise.
Birac. — Peintures murales dans l'église.
Blanquefort. — Eglise.
Blasimont. — Eglise Saint-Nicolas.
Bordeaux. — Cathédrale Saint-André et clocher de Pey-Berland.
Bordeaux. — Eglise Saint-Bruno.
— Eglise Sainte-Croix.
— Eglise Sainte-Eulalie.
— Eglise Saint-Michel.
— Eglise Saint-Seurin.
— Tombeau de Michel de Montaigne dans la chapelle du lycée.
Bordeaux. — Porte du palais.
— Porte de l'hôtel de ville.
Bouliac. — Eglise.
Cadillac. — Château (auj. prison).
— Remparts et portes.
Cordouan. — Phare.
Gaillan. — Eglise.
Léognan. — Eglise.
Libarde (la). — Eglise.
Loupiac de Cadillac. — Eglise.
Mérignac. — Tour de Veyrines.
Moulis. — Eglise.
Petit-Palais. — Eglise Saint-Pierre.
Pondaurat. — Eglise.
Pujols. — Eglise.
Rauzan. — Château.
Réole (la). — Eglise Saint-Pierre.
— Restes de l'enceinte.

Saint-Denis-de-Piles. — Eglise.
Saint-Emilion. — Eglise et cloître.
— Eglise souterraine.
— Hermitage de Saint-Emilion.
— Ancien palais des Archevêques.
— Remparts.
— Donjon.
— Cloître des Cordeliers.
Saint-Ferme. — Ancienne église des Bénédictins.
— Eglise.
Saint-Macaire. — Eglise.
— Maison Messidan. P. p.
— Maison de Lanau. P. p.
Saint-Michel. — Eglise.
Saint-Vivien. — Abside de l'église.
Vertheuil. — Eglise.
Villandrault. — Ruines du Château.

HÉRAULT

Agde. — Eglise Saint-André (ancienne cathédrale).
Béziers. — Eglise Saint-Nazaire (ancienne cathédrale).
Celleneuve. — Eglise Sainte-Croix.
Clermont. — Eglise Saint-Paul.
Lodève. — Eglise Saint-Fulcran (ancienne cathédrale).
Maguelonne. — Voyez Villeneuve-lez-Maguelonne.
Pignan. — Abbaye de Vignogoul. P. p.
Poujol (le). — Eglise de Saint-Pierre-de-Reddes.
Puissalicon. — Tour romane.
Saint-Guilhem-du-Désert. — Eglise et cloître.
Saint-Pargoire. — Eglise.
Saint-Pons-de-Thomières. — Eglise.
Villeneuve-lez-Maguelonne. — Eglise Saint-Etienne.
Villeneuve-lez-Maguelonne. — Eglise Saint-Pierre-de-Maguelonne (ancienne cathédrale). P. p.
Villeveyrac. — Abb. de Valmagne. P. p.
Villemagne. — Eglise Saint-Grégoire.

ILLE-ET-VILAINE

Combourg. — Château. P. p.
Dol. — Ancienne cathédrale.
Fougères. — Château. P. p.
Landéan. — Celliers.

Langon. — Chapelle Sainte-Agathe.
Montauban. — Eglise.
Redon. — Eglise Saint-Sauveur.
Rennes. — Palais de justice.
Saint-Malo. — Remparts et château.
Saint-Servan. — Tour Solidor et ouvrages avancés. P. c.
Vitré. — Château.
— Eglise.
— Maisons.

INDRE

Ardentes. — Église Saint-Martin.
Château-Guillaume. — Voy. Lignac.
Châtillon-sur-Indre. — Église..
Châtre (La). — Vitraux de l'église.
Ciron. — Lanterne des morts.
Déols. — Tombeau de Saint Ludre dans l'église Saint-Etienne.
Déols. — Tours de l'ancienne abbaye.
Estrées. (Voy. Saint-Genou).
Fontgombault. — Ruines de l'abbaye.
Gargilesse. — Peintures de l'église.
Issoudun. — Vitraux de l'église Saint-Cyr.
Issoudun. — Tour blanche.
Issoudun. — Arbre de Jessé, dans la chapelle de l'Hôpital.
Levroux. — Eglise.
Lignac. — Château Guillaume, P. p.
Méobecq. — Eglise.
Mézière-en-Brenne. — Eglise.
Neuvy-Saint-Sépulcre. — Eglise.
Nohant, Vic. — Peintures de l'église.
Saint-Genou. — Eglise.
— Lanterne des morts d'Estrées.
Saint-Marcel. — Eglise.

INDRE-ET-LOIRE

Amboise. — Château, P. p.
— Tombeau de Philibert Babou dans l'Eglise Saint-Denis.
— Hôtel de Ville.
— Château de Clos-Lucé. P. p.
Azay-le-Rideau. — Château. P. p.
Beaulieu. — Eglise.
Bléré. — Chapelle de l'ancien cimetière.
Candes. — Eglise.

Champigny. — Chapelle du Château. P. p.
Chanteloup.—(Voy. Saint-Denis-Hors.)
Chemillé-sur-Indrois. — Chapelle de la Chartreuse du Liget.
Chenonceaux. — Château P. p.
Chinon. — Château.
Chinon. — Abbaye de Saint-Mesme.
Langeais. — Château. P. p.
Liget (Le). — Voy. Chemillé-sur-Indrois.
Loches. — Eglise Saint-Ours.
— Château (aujourd'hui prison).
— Ancien Palais Royal (aujourd'hui Sous-Préfecture.
— Hôtel de ville.
— Tour Saint-Antoine.
— Porte des Cordeliers.
— Porte de l'enceinte du Château.
Montrésor. — Eglise.
Parçay-Meslay. — Ferme de Meslay. P. p.
Pressigny (Le Grand). — Château. P. p.
Preuilly. — Eglise.
Richelieu. — Enceinte et portes de la Ville.
Rochecorbon. — Tour dite La Lanterne.
Saint-Denis-Hors. — Pagode de Chanteloup.
Ste-Catherine-de-Fierbois. — Eglise.
Tours. — Cathédrale Saint-Gatien et Cloître.
— Tours et Cloître de l'Abbaye de Saint-Martin.
— Caves de l'Archevêché.
— Eglise Saint-Julien.
— Maison dite de Tristan l'Hermite.
— Fontaine de Beaune-Semblançay.
Ussé. — Château. P. p.
Vernon. — Façade de l'Eglise.

ISÈRE

Grenoble. — Cathédrale Notre-Dame.
— Crypte de l'Eglise Saint-Laurent.
— Palais des Dauphins (aujourd'hui Palais de Justice).

Marnans. — Eglise.
Saint-Antoine. — Eglise.
Saint-Chef. — Eglise.
Vienne. — Eglise Saint-André-le-Bas.
— Eglise Saint-Maurice.
— Eglise Saint-Pierre (aujour-
d'hui musée).
Vizille. — Château de Lesdiguières.
P. p.

JURA

Beaume-les-Dames. — Eglise.
Beaume-les-Messieurs. — Eglise.
Chissey. — Eglise.
Sainte-Claude. — Stalles du chœur et
retable dans la cathédrale.
Salins. — Eglise Saint-Anatole.

LANDES

Aire. — Eglise du Mas d'Aire.
Dax. — Eglise Saint-Paul.
— Porche de l'ancienne cathé-
drale.
Hagetman. — Crypte de l'église.
Saint-Sever. — Orgues de l'église.

LOIR-ET-CHER

Blois. — Château.
— Eglise St-Nicolas-St-Laumer.
— Fontaine de Louis XII.
— Tour d'argent P. p.
— Bains de la Reine.
— Hôtel d'Alluye, P. p.
— Maison de Denis Dupont, P. p.
— Maisons en bois, rue Saint-
Lubin, P. p.
— Hôtel Sardini, rue du Puits-
Châtel, P. p.
— Hôtel de Belot, rue des Pape-
gaults, P. p.
— Cloître de St-Saturnin, dans
l'hospice du faubourg de
Vienne.
Cellettes. — Château de Beauregard,
P. p.
Chambord. — Château. P. p.
Chaumont. — Château. P. p.
Cheverny. — Château P. p.
Cour-sur-Loire. — Eglise.
Couture. — Château de la Poissonnière.
Faverolles. — Eglise de l'ancienne
abbaye d'Aigues-Vives. P. p.
Fougères. — Château. P. p.

Ferté-Imbault (la). — Chapelle Saint-
Thaurin.
Lassay. — Eglise.
— Château du Moulin. P. p.
Lavardin. — Eglise.
— Ruines du château.
Mesland. — Eglise.
Montoire. — Ruines du château.
— Chapelle Saint-Gilles et
peintures. P. p.
Montrichard. — Eglise Notre-Dame de
Nanteuil.
— Donjon de l'ancien
château.
Nourray. — Eglise.
Romorantin. — Eglise.
— Porte d'Orléans.
Saint-Aignan. — Eglise.
— Chapelle St-Lazare.
P. p.
Selles-Saint Denis. — Chapelle Saint-
Genoux.
Selles-sur-Cher. — Eglise.
Suèvres. — Eglise Saint-Lubin.
Troô. — Eglise.
— Ancien prieuré de Notre-
Dame-des-Marchais.
Vendôme. — Ruines du château.
— Ancienne porte (aujour-
d'hui hôtel de ville).
— Eglise, clocher et pres-
bytère de la Trinité.

LOIRE

Aubierle. — Eglise.
Bénissons-Dieu (la). — Eglise.
Bourg-Argental. — Eglise.
Champdieu. — Eglise et prieuré.
Charlieu. — Abbaye et donjon.
— Ancienne maison abbatiale
(aujourd'hui presbytère).
— Maison, rue Mercerie, n° 9,
P. p.
— Maison, à l'angle de la rue
Nationale et de la rue
Grenette. P. p.
— Maison, rue Chevroterie,
n° 29. P. p.
— Maison, rue Chevroterie,
n° 22. P. p.
— Maison, rue Nationale,
n° 32. P. p.
— Cloître et restes de l'église
des Cordeliers. P. p.

Montbrison. — Eglise Notre-Dame.
Pouillly-les-Nonains. — Château de Boissy. P. p.
Saint-Romain-le-Puy. — Restes du prieuré.

LOIRE (HAUTE-)

Beauzac. — Crypte de l'église.
Brioude. — Eglise Saint-Jullien.
Chamalières. — Eglise.
Chanteuges. — Eglise et cloître.
Cistrières-Lamandy. — Eglise.
Chaise-Dieu (la). — Eglise, cloître, tapisseries et ancienne bibliothèque.
Lavandieu. — Eglise et cloître.
Lavoute-Chilhac. — Eglise, cloître et enceinte du prieuré.
Monastier (le). — Eglise.
Polignac. — Château. P. p.
Puy (le). — Cathédrale Notre-Dame, cloître et bâtiments des Machicoulis.
— Baptistère, dit Temple de Diane.
— Bâtiments de l'Université de Saint-Maïeul.
— Eglise Saint-Jean.
— Eglise Saint-Laurent.
— Eglise Saint-Michel-d'Aiguilhe.
Riotord. — Eglise.
Saint-Didier-la-Sauve. — Eglise.
Saint-Paulien. — Eglise.
Sainte-Marie-des-Chazes. — Eglise.
Saugues. — Tour de l'église.

LOIRE-INFÉRIEURE

Batz. — Chapelle N.-D.-du-Mûrier.
Clisson. — Ruines du château.
Croisic (le). — Chapelle St-Goustan.
Guérande. — Eglise.
— Remparts et portes.
Nantes. — Cathédrale Saint-Pierre.
— Château.
Oudon. — Tour de l'ancien château.
Saint-Gildas-du-Bois. — Eglise.

LOIRET

Beaugency. — Eglise Notre-Dame.
— Eglise Saint-Etienne.
— Hôtel de ville.
— Tour de César.
Bellegarde. — Pignon de l'église.

Bois-Commun. — Eglise.
Chapelle-Saint-Mesmin (la). — Eglise.
Chateauneuf-sur-Loire. — Tombeaux dans l'église.
Cléry. — Eglise Notre-Dame.
Ferrières. — Eglise.
Germigny-des-Prés. — Eglise.
Gien. — Ancien château (aujourd'hui palais de justice).
— Maisons, rues...
Lorris — Hôtel de ville.
Meung. — Eglise.
Orléans. — Cathédrale de Sainte-Croix.
— Crypte de l'église Saint-Aignan.
— Crypte de Saint-Avit, dans le séminaire.
— Ancien hôtel de ville (aujourd'hui Musée).
— Maison dite de Diane de Poitiers (Musée archéologique).
— Maison dite d'Agnès Sorel, rue du Cabourg, 15.
— Maison dite de François Ier, P. p.
— Hôtel Grassot (aujourd'hui Hôtel de ville).
— Salle des Thèses de l'ancienne université. P. C.
— Maison, dite de la Coquille, quai Cypierre, 90. P. p.
— Maison, rue Pierre-Percée, n° 4. P. p.
— Maison, place du Marché, attribuée à du Cerceau. P. p.
— Maison, à l'angle de la rue de l'Ormerie et de la rue Roche aux Juifs.
— Maison, pavillon dit de Jeanne d'Arc, rue de Tabourg, 45.
Puiseaux. — Eglise.
Saint-Benoit-sur-Loire. — Eglise.
Sully-sur-Loire. — Château. P. p.
Yèvre-le-Chatel. — Souterrains du château.
Yèvre-le-Chatel. — Chapelle de Saint-Lubin.

LOT

Assier. — Eglise.
— Château. P. p.

Cahors. — Cathédrale.
— Enceinte fortifiée.
— Maison dite de Henri IV.
— Palais de Jean XXII.
— Pont Valentré.
Castelnau-Bretenoux. — Château. P. p.
Figeac. — Eglise Saint-Sauveur et Chapelle N. D. de Pitié.
— Obélisques.
— Maison, rue Hortabadia. P. p.
Montat (le). — Eglise.
Rudelle. — Eglise.
Saint-Laurent-les-Tours. — Tours
Souillac. — Eglise.

LOT-ET-GARONNE

Agen. — Cathédrale Saint-Etienne.
Barbaste. — Moulin. P. p.
Bonaguil. — Château.
Gavaudun. — Tour de l'ancien château.
Hautefage. — Tour attenant à l'église.
Marmande. — Eglise et Cloître.
Mas d'Agenais (le). — Eglise.
Mezin. — Eglise.
Moirax. — Eglise.
Monsempron. — Eglise.
Nérac. — Château.
Villefranche. — Restes de l'église de Saint-Sabin.
Vianne. — Enceinte de Tours.
— Eglise.
Xaintrailles. — Château.

LOZÈRE

Langogne. — Eglise.
Mende. — Clocher N. O. de la cathédrale de Notre-Dame et Saint-Privat.
— Pont Notre-Dame.
Marvejols, — Portes Chanelle et Soubeyran.

MAINE-ET-LOIRE

Angers. — Château.
— Abbaye de la Trinité.
— Ancienne église Saint-Martin. P. p.
— Cathédrale Saint-Maurice et tapisserie.
— Eglise Saint-Serge.
— Eglise du Ronceray.
— Hôtel Pincé.

Angers. — Hôpital Saint-Jean (auj. Musée archéologique)
— Salles basses du palais épiscopal.
— Restes du cloître St-Aubin, dans la Préfecture.
— Tour Saint-Aubin.
Béhnard. — Eglise.
Brézé. — Château. P. p.
Brissac. — Château. P. p.
Chemillé. — Tour de l'église.
Cunault (Voy. Trèves-Cunault).
Distré. — Château de Pocé.
Doué. — Ruines de l'église St-Denis.
Ecuillé. — Château du Plessis-Bourré. P. p.
Fontevrault. — Ancienne abbaye et statue des Plantagenets dans le cloître.
Fontevrault. — Chapelle sépulcrale.
Gennes. — Eglise Saint-Eusèbe.
— Eglise Saint-Vétérin.
Montreuil-Bellay. — Château. P. p.
— Porte de la ville.
Montsoreau. — Château. P. p.
Pontigné. — Eglise.
Ponts-de-Cé (les). — Château.
Puy-Notre-Dame. — Eglise.
Saint-Florent-le-Viel. — Chapelle.
Saumur. — Chapelle Saint-Jean.
— Château (auj. poudrière).
— Eglise Notre-Dame de Nantilly et tapisserie.
— Eglise Saint-Pierre.
Savennières. — Eglise.
Trèves-Cunault. — Eglise de Trèves.
— Tour. P. p.
— Chapelle Saint-Macé. P. p.
— Eglise de Cunault.

MANCHE

Bricquebec. — Ruines du Château.
Carentan. — Eglise.
Cerisy-la-Forêt. — Eglise.
Coutances. — Cathédrale Notre-Dame.
— Aqueduc.
Haye-du-Puits (La). — Restes de l'ancien château.
Lessay. — Eglise.
Lestre. — Eglise Saint-Michel.
Martigny. — Eglise.
Mont-Saint-Michel (Le). — Abbaye des Remparts. P. E.
Mortain. — Eglise.

Périers. — Eglise.
Pontorson. — Eglise.
Querqueville. — Eglise.
Quinéville. — La Grande Cheminée.
Saint-Jean-le-Thomas. — Ruines du Château-fort.
Saint-Lô. — Eglise Sainte-Croix.
— Eglise Notre-Dame.
Saint-Pierre de Semilly. — Restes du château de Semilly.
Saint-Sauveur-le-Vicomte. — Eglise de l'ancienne abbaye.
Saint-Sauveur-le-Vicomte. — Ruines du château.
Sainte-Marie-du-Mont. — Eglise.
Sainte-Mère-Eglise. — Eglise.
Torigny-sur-Vire. — Château (aujour-d'hui Musée).

MARNE

Avenay. — Eglise.
Bouilly. — Eglise.
Breuil (Le). — Statue de Vierge dans l'église.
Cauroy. — Eglise.
Châlons. — Cathédrale Saint-Etienne.
— Eglise Notre-Dame.
— Eglise Saint-Alpin.
— Eglise Saint-Jean.
Cheminon. — Eglise.
Coligny. — Rétable dans l'église.
Dormans. — Eglise.
Epernay. — Eglise.
Fromentières. — Rétable dans l'église.
Lépine. — Eglise Notre-Dame.
Maisons-sous-Vitry. — Eglise.
Mareuil-en-Brie. — Rétable dans l'église.
Margerie. — Eglise.
Maurupt. — Eglise.
Montmort. — Château.
Orbais. — Eglise.
Reims. — Cathédrale Notre-Dame.
— Eglise St-Remy et restes du cloître dans l'Hôtel-Dieu.
— Chapelle de l'Archevêché.
— Maisons des Ménétriers. P. p. 18 et 20, rue du Tambour.
— Maison en bois, 9, place du Marché.
— Hôtel de ville.
Rieux. — Eglise.
Saint-Amand. — Eglise.

Sommepy. — Eglise.
Vertus. — Eglise.

MARNE (HAUTE-)

Blécourt. — Eglise.
Bourbonne-les-Bains. — Eglise.
Ceffonds. — Eglise.
Chaumont. — Chapelle du collège.
— Eglise St-Jean-Baptiste.
Isômes. — Eglise.
Langres. — Ancienne église St-Didier (auj. musée).
— Cathédrale Saint-Mammès et restes du cloître.
— Maison de la Renaissance, 21, rue du Cardinal Mor-lot. P. p.
Moclain. — Eglise Saint-Aubin.
Montiérender. — Eglise.
Trois-Fontaines. — Ancienne église abbatiale. P. p.
Vassy. — Eglise.
Vignory. — Eglise.
Villars Saint-Marcellin. — Crypte de l'église.

MAYENNE

Avesnières. — Eglise.
Château-Gontier. — Eglise St-Jean.
Chemazé. — Château de Saint-Ouen. P. p.
Evron. — Eglise.
— Chapelle Saint-Crépin.
— Halle.
Javron. — Eglise.
Laval. — Château (aujourd'hui Palais de justice et prison).
— Cathédrale de la Trinité.
Laval. — Maison du Grand-Veneur. P. p.
Lassay. — Château. P. p.
Mortier-Crolle. — Château.
Olivet. — Tombeaux de l'abbaye de Cler-mont, dans l'église.
Roë (La). — Eglise de l'ancienne abbaye.
Sainte-Suzanne. — Remparts.
— Camp vitrifié dit des Anglais.
Saint-Ouen-des-Toits. — Château. P. p.
Mézangers. — Château du Rocher.

MEURTHE-ET-MOSELLE

Blamont. — Restes du château.
Blenod-les-Toul. — Eglise.
Ecrouves. — Eglise.

Laitre-sous-Amance. — Eglise.
Longuyon. — Eglise.
Martincourt. — Château de Pierrefort.
Mont-Saint-Martin. — Eglise.
Mousson. — Fonts baptismaux dans la chapelle.
Nancy. — Chapelle des Cordeliers et tombeau des ducs de Lorraine.
— Ancien palais ducal.
— Colonne de l'étang Saint-Jean.
— Porte Saint-Georges.
— Porte de la Craffe.
— Place Stanislas, hôtel de ville, grilles et fontaines.
Olley. — Eglise.
Pont-à-Mousson. — Eglise.
Prény. — Château.
Saint-Nicolas-de-Port. — Eglise.
Toul. — Eglise Saint-Etienne (ancienne cathédrale) et cloître.
— Eglise St-Gengoult et cloître.
Vandemont. — Ancien château.

MEUSE

Avioth. — Eglise.
— Chapelle des morts.
Bar-le-Duc. — Eglise Saint-Etienne.
Etain. — Eglise.
Hatton-Chatel. — Calvaire dans l'église.
Lachalade. — Ruines de l'église de l'ancienne abbaye.
Ligny. — Tour de Luxembourg.
Mont-Devant-Sassey. — Eglise.
Rembercourt-aux-Pots. — Eglise.
Saint-Mihiel. — Sépulcre dans l'église.
Verdun. — Tour de la porte de la Chaussée.
Verdun. — Hôtel de ville.

MORBIHAN

Elven. — Tours de l'ancien château de Largouët.
Faouet (Le). — Eglise Saint-Fiacre.
Guern. — Eglise N.-D. de Quelven.
Hennebont. — Eglise Notre-Dame de Paradis.
Ile d'Arz (L'). — Eglise.
Josselin. — Château. P. p.
— Tombeau de Clisson dans l'église Notre-Dame.
Kernascléden. — Chapelle Notre-Dame.
Ploermel. — Eglise Saint-Armel.

Saint-Gildas-de-Rhuis. — Eglise.
Sarzeau. — Ruines du château de Sucinio. P. p.

NIÈVRE

Charité (La). — Eglise Sainte-Croix.
Clamecy. — Eglise Saint-Martin.
Corbigny. — Eglise.
Cosne. — Eglise Saint-Aignan.
Decize. — Chœur et crypte de l'église Saint-Aré.
Donzy. — Ruines de l'église de Notre-Dame-du-Pré.
Garchizy. — Eglise.
Jailly. — Eglise.
Mars-sur-Allier. — Eglise.
Nevers. — Cathédrale St-Cyr et Sainte-Juliette.
— Chapelle du couvent des sœurs de la Charité.
— Eglise Saint-Etienne.
— Fresques de l'église St-Père.
— Ancien palais ducal.
— Porte du Croux.
Premery. — Eglise.
Rouy. — Eglise.
Saint-Parize-le-Chatel. — Eglise et crypte.
Saint-Pierre-le-Moutier. — Eglise.
Saint-Réverien. — Eglise.
Saint-Saulge. — Vitraux de l'église.
Semelay. — Eglise.
Tannay. — Eglise.
Ternant. — Rétable dans l'église.
Varzy. — Eglise.

NORD

Bergues. — Beffroi.
Cassel. — Hôtel de ville.
Chéreng. — Fonts baptismaux dans l'église.
Comines. — Beffroi.
— Ruines du château.
Cysoing. — Pyramide.
Denain. — Pyramide.
Douai. — Hôtel de ville et beffroi.
Dunkerque. — Beffroi (ancienne tour Saint-Eloi).
Flêtre. — Vitraux de l'église.
Lille. — Eglise Saint-Maurice.
— Hôtel des Templiers.
— Porte de Paris.
— Restes du palais de Rihour.

Saint-Amand-les-Eaux. — Façade et tours de l'ancienne église abbatiale.
Saint-Amand-les-Eaux.—Hôtel de ville.
Valenciennes.—Maison du XVe siècle. à l'angle de la rue Notre-Dame. P. p.

OISE

Agnetz.— Eglise.
Allonne.—Clocher de l'église.
— Ancienne maladrerie de St-Lazare. P. p.
Angicourt.— Eglise.
Angy.— Eglise.
Baron.— Eglise.
Beauvais.— Ancien palais épiscopal (aujourd'hui palais de justice.)
— Cathédrale Saint-Pierre.
— Eglise de la Basse-Œuvre.
— Eglise Saint-Etienne.
— Maison dite des Trois-Piliers, place Jeanne Hachette.
— Maison rue du Chariot. P.p.
Breteuil.—Chapelle du château. P. p.
Bury.—Eglise.
Chambly.— Eglise Notre-Dame.
Cambronne-lès-Clermont.— Eglise.
Chelles.— Eglise.
Chiry-Ourscamp.— Ruines de l'abbaye d'Ourscamp. P. p.
Clermont.— Hôtel de ville.
Compiègne.— Eglise Saint-Antoine.
— Eglise Saint-Jacques.
— Hôtel de ville.
Creil.—Ancienne église St-Evremont.
Crépy-en-Valois. — Restes de l'église Saint-Thomas.
Eve.—Flèche et vitraux de l'église.
Fontaine-les-Corps-Nus. — Ruines de l'abbaye de Chaalis. P. p.
Liancourt.—Tombeau de Ch. du Plessis et d'Antoinette Pons dans l'église.
Maignelay.—Eglise.
Mogneville. — Clocher de l'ancienne église.
Montagny.— Eglise.
Montagny-Sainte-Félicité.—Eglise.
Montataire.— Eglise.
Morienval.—Eglise.
Nogent-les-Vierges.— Eglise.
Noyon.— Eglise Notre-Dame (ancienne cathédrale).
— Salle capitulaire et cloître.

Noyon. — Hôtel de ville.
— Maison de l'évêché.
Ourscamp.— Voy. Chiry-Ourscamp.
Pierrefonds.—Clocher de l'église.
— Château. P. E.
Plailly.— Eglise.
Rully.— Eglise.
Saint-Firmin.—Vitraux de l'église.
Saint-Germer.— Eglise et chapelle.
Saint-Jean-aux-Bois. — Eglise et salle capitulaire.
Saint-Leu-d'Esserent.—Eglise et restes de l'ancienne abbaye.
Saint-Martin-aux-Bois.— Eglise.
Saint-Waast-de-Longmont.—Eglise.
Senlis.— Eglise Notre-Dame (ancienne cathédrale).
— Eglise Saint-Frambourg.
— Eglise Saint-Vincent.
— Ancien château royal. P. p.
Thiers.—Ruines du château. P. p.
Tracy-le-Val. — Eglise.
Tric-le-Château. — Eglise.
— Hôtel de ville.
Verberie. — Eglise.
Villers-Saint-Paul. — Eglise.
Villers-sur-Candun. — Eglise.
Villetertre (La). — Eglise.

PAS-DE-CALAIS

Aire-sur-la-Lys. — Eglise.
— Ancien bailliage (auj. justice de paix).
Arras. — Beffroy.
Béthune. — Beffroy.
Boulogne. — Crypte de l'église Ne-D.
Douvrin. — Triptyque dans l'église.
Lillers. — Eglise.
Saint-Omer. — Eglise Notre-Dame.
— Restes de l'ancienne abbaye de St-Bertin. P. c.

PUY-DE-DÔME

Aigueperse. — Chœur de l'église.
— Sainte-Chapelle.
Artonne. — Eglise.
Augerolles. — Eglise.
Besse. — Eglise.
Billom. — Eglise Saint-Cerneuf.
Chamalières. — Eglise.
Chambon. — Eglise.
— Monument sépulcral.
Chauriat. — Eglise.

Clermont. — Cathédrale Notre-Dame
— Eglise N.-D.-du-Port.
— Fontaine d'Amboise.
Courpière. — Eglise.
Culhat. — Eglise.
— Lanterne des morts.
Dorat. — Eglise.
Ennezat. — Eglise.
Herment. — Eglise.
Issoire. — Eglise Saint-Paul.
Lezoux. — Ancienne chapelle. P. p.
Mailhat. (Voy. Montgie) (La)
Manglieu. — Eglise.
Montaigu-le-Blanc. — Château.
Montferrand. — Eglise.
Montgie (La). — Eglise de Mailhat.
Mozac. — Eglise.
Murols. — Ruines du château. P. p.
Orcival. — Eglise Notre-Dame.
Plauzat. — Eglise.
Pontgibaud. — Château. P. p.
— Restes de l'enceinte de
la ville.
Riom. — Ancien hôtel de ville.
— Beffroi.
— Eglise Sainte-Amable.
— Sainte-Chapelle.
Royat.—Eglise et ancien prieuré.
— Croix, sur la pl. de l'Eglise.
Saint-Cirgues. — Croix.
Saint-Diéry. — Chapelle du Château.
P. p.
Saint-Georges-sur-Allier. — Portail de
l'église.
Saint-Hilaire-la-Croix. — Eglise et
ancien monastère.
Saint-Nectaire. — Eglise.
— Croix.
Saint-Pierre-Colamine. — Eglises et
grottes de Jonas.
Saint-Saturnin. — Eglise.
— Château. P. p.
— Fontaine.
Thiers. — Eglise Saint-Genès.
Thuret. — Eglise.
Tournoël (voy. Volvic).
Vic-le-Comte. — Ancienne Sainte-
Chapelle (chœur de l'église moderne).
Virlet. — Eglise de l'ancienne abbaye
de Belle-Aigue.
Volvic. — Château de Tournoël. P. p.

PYRÉNÉES (BASSES-)

Bayonne. — Cathédrale et cloître.

Lembeye. — Eglise.
Lescar. — Eglise.
Montaner. — Tour.
Morlaas. — Portail de l'église.
Nay. — Maison de Jeanne d'Albret.
Oloron. — Eglise Sainte-Croix.
Oloron. — Château.
Orthez. — Tour de Moncade.
— Vieux pont.
Pau. — Château.
Saint-Engrace. — Eglise.
Sauveterre. — Ruines du château de
Montréal.
— Restes d'un pont.

PYRÉNÉES (HAUTES-)

Agos. (Voy. Vieille-Aure).
Ibos. — Eglise.
Luz. — Eglise.
Saint-Savin. — Eglise.
Vieille-Aure. — Chapelle d'Agos.

PYRÉNÉES-ORIENTALES.

Arles-les-Bains. — Cloître.
Boule-Ternère. — Eglise de l'ancien
abbaye de Serrabona.
Castell. — Ancienne église de Saint-
Martin du Canigou.
Codalet. — Ruines de l'ancienne ab-
baye de Saint-Michel de Cuxa.
Corneilla-del-Conflent. — Eglise.
Coustouges. — Eglise.
Elne. — Eglise et cloître.
Espera-de-l'Agly. — Eglise.
Marcevol. — Eglise.
Monastir-del-Camp. — Ancien prieuré.
P. p.
Perpignan. — Chapelle du château.
— Restes de l'ancien pa-
lais des ducs d'Aragon,
dans la citadelle.
— Porte, clocher et nef
méridionale de l'é-
glise du Vieux-St-Jean.
— Loge des Marchands.
— Le Castillet.
— Hôtel de ville.
— Ancien Palais de Justice
attenant à la Mairie.
— Maison Julia, rue d'Es-
pira.
Planès. — Eglise.
Salces. — Ancien château.

Serrabona. — (Voy. Boule-Ternère).
Villefranche. — Eglise.

RHÔNE

Belleville-sur-Saône. — Eglise.
Châtillon-d'Azergues. — Eglise.
Lyon. — Cathédrale Saint-Jean.
— Eglise Saint-Martin-d'Ainay.
— Eglise Saint-Irénée.
— Eglise Saint-Nizier.
— Eglise Saint-Paul.
— Ancienne manécanterie.
— Hôtel de Ville.
Salles. — Eglise.
Villefranche. — Eglise Notre-Dame-des-Marais.

SAÔNE (HAUTE-)

Chambornay-les-Bellevaux. — Eglise.
Favernay. — Eglise.
Gray. — Hôtel de Ville.
Luxeuil. — Ancien Hôtel de Ville, dit Maison-Carrée.
— Eglise Saint-Pierre et restes du cloître de l'ancienne abbaye.
— Cuve baptismale dans l'église Saint-Sauveur.
Montigny-lez-Cherlieux. — Ruines de l'abbaye de Cherlieux. P. p.

SAÔNE-ET-LOIRE

Anzy. — Eglise.
Autun. — Cathédrale Saint-Lazare.
— Fontaine Saint-Lazare.
— Hôtel du chancelier Rolin.
— Restes de l'ancien réfectoire des chanoines dans le jardin de l'évêché.
Bois-Sainte-Marie. — Eglise.
Brancion. — Eglise.
Chalon-sur-Saône. — Eglise Saint-Vincent.
— Vitraux de l'hôpital.
Chapaize. — Eglise.
Chateauneuf. — Eglise.
Cluny. — Ancienne abbaye. P. E.
— Eglise Notre-Dame.
Cormatin. — Château. P. p.
Epinac. — Chapelle de l'ancien prieuré du Val Saint-Benoît.
Gourdon. — Eglise.

Mâcon. — Tour de l'église Saint-Vincent (ancienne cathédrale).
Paray-le-Monial. — Eglise.
— Maison Jaillet (auj. Hôtel de Ville). P. c.
Perrecy-les-Forges. — Eglise.
Saint-Laurent-en-Brionnais. — Chœur et clocher de l'église.
Saint-Marcel. — Eglise de l'ancienne abbaye.
Semur-en-Brionnais. — Eglise.
Sennecey-le-Grand. — Eglise.
Sully. — Château.
Tournus. — Eglise Saint-Philibert.
Varennes-l'Arconce. — Eglise.

SARTHE

Bazouges. — Eglise.
Bruère (La). — Vitraux de l'église.
Ferté-Bernard (La). — Eglise.
— Anc. porte (auj. Hôtel de Ville).
Mans (Le) — Cathédrale Saint-Julien.
— Eglise N.-D. de la Couture.
— Eglise Notre-Dame-du-Pré.
— Ancienne collégiale de Saint-Pierre-de-la-Cour.
— Maison de l'école communale de dessin.
— Maison dite d'Adam et d'Eve, grande-rue.
— Maison Grabatoire, à l'angle de la pl. du Château.
— Maison, grande-rue, 9.
Sablé. — Verrières de l'église.
Saint-Calais. — Eglise.
Sillé-le-Guillaume. — Château. P. p.
— Porche de l'égl.
Solesmes. — Eglise de l'ancien prieuré.
Vivoin. — Eglise.

SAVOIE

Aime. — Ancienne église Saint-Martin. P. E.
Chambéry. — Château (aujourd'hui préfecture).
Saint-Pierre-de-Curtille. — Abbaye d'Haute-Combe. P. p.

SAVOIE (HAUTE-)

Abondance. — Ancienne abbaye.

SEINE

Arcueil. — Maison de la Renaissance. P. p.

Bagneux. — Eglise.

Boulogne. — Eglise.

Charenton. — Pavillon d'Antoine de Navarre (aujourd'hui hôtel de ville).

Nogent-sur-Marne. — Eglise.

Paris.—Cathédrale Notre-Dame.
— Eglise St-Germain-des-Prés.
— Eglise Saint-Pierre de Montmartre.
— Eglise, réfectoire et restes de l'enceinte de l'ancien Prieuré de Saint-Martin-des-Champs (aujourd'hui Conservatoire des Arts et Métiers).
— Tour et réfectoire de l'ancienne abbaye de Ste-Geneviève (dépendance du lycée Henri IV).
— Eglise Saint-Julien-le-Pauvre.
— Sainte-Chapelle.
— Restes du collège des Bernardins, rue de Poissy (auj. caserne de sapeurs-pompiers).
— Chapelle de l'ancien collège de Beauvais. P. p.
— Eglise Saint-Séverin et ancien Charnier.
— Eglise Saint-Merry.
— Eglise St-Germain-l'Auxerrois.
— Eglise Saint-Etienne-du-Mont.
— Eglise St-Nicolas-des-Champs.
— Eglise de la Sorbonne.
— Eglise de la Visitation.
— Eglise Saint-Paul Saint-Louis.
— Eglise Saint-Nicolas du Chardonnet.
— Eglise Saint-Eustache.
— Eglise Saint-Gervais.
— Eglise Saint-Germain de Charonne.
— Cloître des Carmes-Billettes.
— Tour Saint-Jacques-de-la-Boucherie.
— Palais du Louvre. P. e.
— Palais de Justice. P. e.
— Palais du Luxembourg. P. e.
— Galerie Mazarine, à la Bibliothèque Nationale. P. e.
— Palais de l'Institut. P. e.
— Hôtel des Invalides. P. e.
— Val-de-Grâce. P. e.

Paris.—Ministère de la Marine et ancien garde-meuble. P. e.
— Restes de l'enceinte de Philippe-Auguste.
— Porte Saint-Denis.
— Porte Saint-Martin.
— Pont-Neuf.
— Pont Marie.
— Fontaine des Innocents.
— Fontaine de la rue de Grenelle.
— Fontaine de Médicis.
— Porte de l'ancien Hôtel de Clisson, rue du Chaume.
— Tour de l'ancien Hôtel des ducs de Bourgogne, dite de
— Tour Jean-sans-Peur, rue Etienne-Marcel.
— Hôtel de Cluny. P. E.
— Hôtel de Sens, rue du Figuier, 1. P. p.
— Colonne de l'ancien Hôtel de Soissons.
— Hôtel Carnavalet, rue Sévigné (auj. Musée municipal).
— Hôtel de Beauvais, rue François-Miron, 63. P. p.
— Hôtel de Béthune-Sully, rue Saint-Antoine. P. p.
— Hôtel de Mayenne ou d'Ormesson, rue Saint-Antoine, 212. P. p.
— Hôtel Pimodan, quai d'Anjou. P. p.
— Hôtel de Soubise (auj. Archives nationales).
— Hôtel Lambert, rue Saint-Louis-en-l'Ile. P. p.
— Façades des maisons de la place Vendôme et de la place Royale.
— Maison place Royale, 14. P. p.
— Tourelle d'une maison, rue Hautefeuille, 5. P. p.
— Restes de l'Hôtel de la Trémoille.
— Portique du Château de Gaillon (Eure).
— Façade du Château d'Anet (Eure-et-Loir).

{À l'Ecole des Beaux-Arts.}

— Tournelle d'une maison, rue Vieille-du-Temple, n° 54, à l'angle de la rue des Francs-Bourgeois. P. p.
— Hôtel Lamoignon, rue Pavée,

24, à l'angle de la rue Sainte-Catherine. P. p.

Paris. — Hôtel Saint-Aignan, rue du Temple, n° 71. P. p.
— Hôtel de Hollande, rue Vieille-du-Temple, n° 47. P. p.
— Hôtel Salé, rue de Thorigny, n° 5, et rue des Coûtures-Saint-Gervais, n° 1. P. p.
— Hôtel de Châtou-Luxembourg. rue Geoffroy-Lasnier, n° 26, P. p.
— Hôtel, rue des Francs-Bourgeois, n° 30. P. p.
— Hôtel, rue du Temple, n° 79. P. p.
— Hôtel, rue des Archives, n° 10. P. p.
— Hôtel, rue des Francs-Bourgeois, n° 31. P. p.
— Hôtel, rue de Braque, n°s 4 et 6. P. p.
— Hôtel de Hémisdal ou de Brissac, rue Cassette, n° 24. P. p.
— Hôtel de Fürstenberg, ancien palais abbatial de Saint-Germain-des-Prés , rue de l'Abbaye, n° 3. P. p.

Puteaux. — Vitraux de l'Eglise.
Vincennes. — Château et Sainte-Chapelle.
Vitry. — Eglise.
Saint-Denis. — Eglise abbatiale.

SEINE-INFÉRIEURE

Angerville-Bailleul. — Château. P. p.
Angerville-L'Orcher. — Porte et clocher de l'église.
Arques. — Eglise.
— Ruines du château. P. c.
Boos. — Colombier.
Cestange (La). — Chœur et crypte de l'église Saint-Jean-l'Abbetot.
Caudebec-en-Caux.—Eglise.
— Maison du XIIIe siècle, rue de la Boucherie. P. p.
Darnétal. — Tour de Carville.
Dieppe. — Château.
— Eglise.
— Eglise Saint-Jacques.
— Porte de la ville. P. c.
Duclair. — Eglise.
Fécamp.— Eglise de l'ancienne abbaye.

Elbeuf. — Vitraux de l'église Saint-Etienne.
Elbeuf. — Vitraux de l'église Saint-Jean.
Étretat. — Eglise.
Eu. — Eglise.
— Chapelle du collège.
Gournay-en-Bray. — Eglise.
Graville-Sainte-Honorine. — Eglise.
Harfleur. — Eglise.
Houppeville. — Eglise.
Jumièges. — Ruines de l'ancienne abbaye. P. p.
Lillebonne. — Donjon du château. P. p.
— Clocher de l'église.
Manéglise. — Eglise.
Martinville. — Château. P. p.
Maulévrier. — Eglise de Ste-Gertrude.
Mesnières. — Château. P. p.
Montivilliers. — Eglise.
— Charnier.
Moulineaux. — Eglise.
Petit-Quévilly (Le). — Chapelle de l'ancienne Léproserie de Saint-Julien-le-Chartreux.
Rouen. — Aître de Saint-Maclou.
— Cathédrale Notre-Dame.
— Eglise Saint-Ouen et Chambre aux Clercs.
— Eglise Saint-Maclou.
— Eglise Saint-Patrice.
— Eglise Saint-Vincent.
— Crypte de l'église St-Gervais.
— Eglise Saint-Godard.
— Cloître Sainte-Marie (auj. Musée des Antiquités).
— La fierte chapelle Saint-Romain, aux Halles.
— Bureau des finances. P. p.
— Tour dite de Jeanne d'Arc.
— Fontaine de Lisieux.
— Hôt. de Bourgthéroulde, P. p.
— Palais de Justice (anc. logis du Caradas), à l'angle des rues de la Thuile et de la Savonnerie, P. p.
— Le gros Horloge et Fontaine (anc. Chamb. des comptes), 20, rue des Carmes, P. p.
— Hôtel, rue Saint-Patrice (lycée de jeunes filles).
Saint-Jean-l'Abbetot. — Voyez Cestange (La).
Saint-Martin-de-Boscherville. — Eglise,

salle capitulaire et restes du cloître de l'ancienne abbaye de St-Georges.
Saint-Valery-sous-Bures. — Ferme de la Valouine, P. p.
Saint-Wandrille. — Chapelle Saint-Saturnin. P. p.
— Restes de l'anc. abbaye, P. p.
Tancarville. — Château. P. p.
Tréport (Le). — Eglise.
Valliquerville. — Clocher de l'église.
Valmont. — Chapelle dite de Six heures.
Varengeville-sur-Mer. — Manoir Ango, P. p.
Yainville. — Eglise.

SEINE-ET-MARNE

Blandy. — Château.
Brie-Comte-Robert. — Eglise.
— Restes de la chapelle de l'anc. Hôtel-Dieu.
Chamigny. — Crypte de l'église.
Champeaux. — Eglise.
Chapelle-la-Reine (La). — Porte dans la sacristie de l'église.
Chapelle-sur-Crécy (La). — Eglise.
Château-Landon. — Eglise.
Chelles. — Monument de Chilpéric.
Donnemarie. — Eglise.
Ferrières. — Eglise.
Fontainebleau. — Château. P. E.
Jouarre. — Crypte.
— Croix de l'ancien cimetière.
Juilly. — Tombeau du cardinal de Bérulle dans la chapelle du collège.
Lagny. — Eglise.
Larchant. — Eglise.
Louan. — Ruines du château de Montaiguillon. P. p.
Maincy. — Château de Vaux-Praslin, P. p.
Meaux. — Cathédrale Saint-Etienne.
— Bâtiment de la Maîtrise.
— Restes du palais Episcopal.
Melun. — Eglise Notre-Dame.
Montceaux. — Restes du château.
Moret. — Eglise.
— Portes de Paris et de Bourgogne.
Nantouillet. — Château. P. p.
Nemours. — Eglise Saint-Jean.
Oissery. — Tombeau de la famille des Barres dans l'église.
Othis. — Eglise.

Provins. — Cloître des Cordeliers.
— Transsept de l'église Saint-Ayoul.
— Eglise Saint-Quiriace.
— Grange aux dîmes.
— Tour dite de César.
— Remparts et portes.
— Maisons, rues.
Rampillon. — Eglise.
Rozoy. — Eglise.
Saint-Cyr. — Eglise.
Saint-Loup-de-Naud. — Eglise.
Villeneuve-le-Comte. — Eglise.
Voulton. — Eglise.

SEINE-ET-OISE

Athis. — Clocher de l'église.
Belloy. — Eglise.
Bougival. — Eglise.
Carrières-Saint-Denis. — Rétable dans l'église.
Champagne. — Eglise.
Champmotteux. — Tombeau du Chancelier de l'Hospital dans l'église.
Corbeil. — Eglise Saint-Spire.
Ecouen. — Eglise.
— Château. P. E.
Etampes. — Eglise Notre-Dame.
— Eglise Saint-Basile.
— Tour Guinette.
Ferté-Alais (La). — Eglise.
Feucherolles. — Eglise.
Fontenay-lès-Louvres. — Eglise.
Gassicourt. — Eglise.
Gonesse. — Eglise.
Hardricourt. — Clocher de l'église.
Houdan. — Eglise.
— Donjon.
Juziers. — Eglise.
Limay. — Clocher, fonts baptismaux et pierres tombales dans l'église.
Longpont. — Eglise de l'ancienne abbaye.
Louvres. — Grange de Vaulerant. P. p.
Luzarches. — Clocher de l'église.
Magny-les-Hameaux. — Tombes de l'ancienne abbaye de Port-Royal-des-Champs.
Maison-sur-Seine. — Château. P. p.
— Moulin. P. p.
Mantes. — Eglise Notre-Dame.
— Fontaine.
Mareil-Marly. — Eglise.
Marly. — Abreuvoir.

Maule. — Eglise.
Montfort-l'Amaury. —Eglise,
    —   Porte du cime-
            tière et ancien
            cloître.
    —   Ruines du châ-
            teau.
Montlhéry. — Restes de l'ancien châ-
teau. E. P.
Montmorency. — Eglise.
Morigny. — Restes de l'anc. abbaye.
Nesles. — Eglise.
Orgeval. — Clocher de l'église.
Ormesson. — Château P. p.
Poissy. — Eglise.
Pontoise. — Eglise Saint-Maclou.
Roche-Guyon (La). — Ruines du vieux
château. P. p.
Saint-Germain-en-Laye. — Château
vieux et restes du château neuf. P. p.
Saint-Germain-en-Laye. — Grotte du
pavillon Henri IV. P. p.
Saint-Ouen-l'Aumône. — Ruines de
l'abbaye de Maubuisson.
Saint-Sulpice-de-Favières. — Eglise.
Taverny. — Eglise.
Thiverval. — Eglise.
Vaulerant. — Voy. Louvres.
Vernouillet. — Eglise.
Versailles. — Château et dépendances.
P. E.
Vétheuil. — Eglise.

SÈVRES (DEUX-)

Airvault. — Eglise.
Bressuire. — Eglise.
Celles. — Eglise.
Champdeniers. — Eglise.
Javarzay. — Eglise.
    —   Ruines du château.
Marnes. — Eglise.
Melle. — Eglise Saint-Hilaire.
    —   Eglise Saint-Pierre.
    —   Eglise Saint-Savinien.
Ménigoute. — Chapelle.
Niort. — Château. P. c.
    —   Hôtel de Ville.
Oyron. — Eglise.
    —   Château. P. p.
Parthenay. — Eglise Notre-Dame de
la Couldre.
    —   Eglise Saint-Laurent.
    —   Porte Saint-Jacques.

Parthenay-le-Vieux. — Eglise.
Saint-Généroux. — Eglise.
Saint-Joint-de-Marnes. — Eglise.
Saint-Maixent. — Eglise.
    —   Crypte de St-Léger.
Thouard. — Château (auj. prison).
    —   Chapelle du château. P. p.
    —   Tour du Prince de Galles.
        P. p.
    —   Tour de l'église St-Laon.
Verrines-sous-Celles. — Eglise.

SOMME

Abbeville. — Eglise Saint-Wulfran.
Ailly-sur-Noye. — Tombeau de Jean
Hambourdin dans l'église.
Airaines. — Eglise Notre-Dame.
Amiens. — Cathédrale Notre-Dame.
    —   Porte Montre-Ecu.
Athies. — Portail de l'église.
Berthancourt-aux-Dames. — Eglise de
l'ancienne abbaye.
Davenescourt. — Tombeau de Jean de
Hangest, dans l'église.
Domart. — Maison des Templiers (auj.
Hôtel de Ville).
Folleville. — Château. P. p.
    —   Eglise.
Gamaches. — Eglise.
Ham. — Château. P. E.
    —   Crypte de l'église.
Montdidier. — Tombeau de Raoul de
Crépy dans l'église Saint-Pierre.
Namps-en-Val. — Eglise.
Nesle. — Crypte de l'église.
Rambures. — Château. P. p.
Roye. — Portail et vitraux de l'église
Saint-Pierre.
Rue. — Chapelle du Saint-Esprit.
Sains. — Tombeau des Trois-Martyrs,
dans l'église.
Saint-Riquier. — Eglise.
Tilloloy. — Eglise.

TARN

Albi. — Cathédrale Sainte-Cécile.
    —   Eglise Saint-Salvi.
    —   Palais de l'Archevêché.
    —   Maison des Viguiers.
Ambialet. — Chapelle du Prieuré.
Burlats. — Ruines de l'église.
Cordes. — Maison du Grand-Veneur
(auj. Hôtel de Ville).
Gaillac. — Eglise Saint-Michel.

Lescure. — Eglise.
Lisle. — Eglise.
Sorèze. — Clocher de l'église.

TARN-ET-GARONNE

Auvillar. — Eglise.
Beaumont de Lomagne. — Eglise.
Bruniquel. — Ruines du château.
Caussade. — Clocher de l'église.
Ginals. — Ancienne église de Beaulieu. P. p.
Moissac. — Eglise Saint-Pierre et cloître.
Montpezat. — Eglise.
Saint-Antonin. — Hôtel de ville.
Vareu. — Eglise.

VAR

Cannet-du-Luc (Le). — Eglise.
Celle (La). — Restes de l'abbaye.
Fréjus. — Cathédrale, cloître, baptistère.
Hyères. — Eglise Saint-Louis.
— Restes du château.
Saint-Maximin. — Eglise.
Solliès-Ville. — Eglise.
Six-Fours. — Eglise et crypte.
Thoronet (Le). — Ancienne abbaye.

VAUCLUSE

Apt. — Ancienne cathédrale.
Avignon. — Cathédrale.
— Eglise Saint-Pierre.
— Restes du couvent des Célestins (aujourd'hui pénitencier militaire).
— Ancien hôtel des monnaies (aujourd'hui Conservatoire de musique et de déclamation).
— Chapelle et pont Saint-Bénezet.
— Palais des Papes.
— Tour de l'ancien hôtel de ville.
— Remparts.
— Restes de l'abbaye de Saint-Ruff.
Caromb. — Eglise.
Carpentras. — Ancien palais du légat (aujourd'hui Palais de Justice).
Carpentras. — Eglise Saint-Siffrein (ancienne cathédrale).
— Hôtel-Dieu.
Cavaillon. — Ancienne cathédrale.
Cordes. — Abbaye de Sénanque.
Malaucène. — Chapelle du Groseau.
Monteux. — Porte-Neuve.
Pernes. — Eglise.
— Tour Ferrande, P, c.
Thor (Le). — Eglise.
Tour-d'Aigues (La). — Façade et pavillon central du château.
Vaison. — Anc. cathédrale et cloître.
— Chapelle Saint-Quennin.
Valréas. — Eglise.
Vaucluse. — Eglise.
Venasque. — Baptistère.

VENDÉE

Boupère (Le). — Eglise.
Curzon. — Crypte de l'Eglise.
Fontenay-le-Comte. — Eglise.
Foussais. — Eglise.
Maillezais. — Eglise.
— Ruines de l'abbaye.
Mareuil-sur-le-Lay. — Eglise.
Nieuil-sur-l'Antise. — Eglise et cloître de l'ancienne abbaye.
Pouzauges. — Ruines du château.
Vouvant. — Eglise.

VIENNE

Antigny. — Fresques dans l'église.
— Lanterne des morts.
Charroux. — Restes de l'anc. abbaye.
Château-Larcher. — Lanterne des morts.
Chauvigny. — Château baronial ou des évêques de Poitiers. P. p. Château d'Harcourt. Donjon de Gouzon.
— Eglise Notre-Dame.
— Eglise Saint-Pierre.
Civray. — Eglise Saint-Nicolas.
Fontaine-le-Comte. — Eglise.
Gençay. — Ruines du château.
Jazeneuil. — Eglise.
Journet. — Lanterne des morts.
Ligugé. — Eglise et restes de l'ancienne abbaye.
Loudun. — Donjon du château.
Lusignan. — Eglise.

Moncontour. — Donjon de l'ancien château.
Montmorillon. — Anc. église N.-Dame.
— Chapelle octogonale de la Maison-Dieu.
— Lanterne des morts de Moussac.
Montreuil-Bonnin.—Restes du château.
Nouaillé. — Eglise.
Poitiers. — Cathédrale Saint-Pierre.
— Eglise Sainte-Radegonde.
— Eglise Saint-Hilaire.
— Eglise Notre-Dame.
— Eglise de Montierneuf.
— Le Doyenné (auj. école normale primaire).
— Tour de l'église Saint-Porchaire.
— Temple Saint-Jean, P. E.
— Hypogées.
— Palais de Justice.
— Hôtel Fumey, dit hôtel de la Prévôté, P. p.
— Restes de l'enceinte.
Saint-Savin. — Eglise.

HAUTE-VIENNE

Boisseuil. — Ruines du château de Chalusset. P. p.
Dorat (Le). — Eglise.
Limoges. — Cathédrale Saint-Etienne.
Rochechouart. — Château (aujourd'hui sous-préfecture).
Saint-Junien. — Eglise.
Saint-Léonard. — Eglise.
Saint-Yrieix. — Eglise.
Solignac. — Eglise.

VOSGES

Domrémy. — Maison de Jeanne-d'Arc.
Épinal. — Eglise Saint-Maurice.
Étival. — Eglise de l'ancienne abbaye.
Médonville. — Eglise.
Saint-Dié. — Cathédrale Saint-Dié et cloître.
— Eglise N.-Dame, attenant à la cathédrale.

YONNE

Ancy-le-Franc. — Château. P. p.

Appoigny. — Eglise.
Auxerre. — Eglise Saint-Etienne (ancienne cathédrale).
— Eglise Saint-Eusèbe.
— Eglise Saint-Germain.
— Eglise Saint-Pierre.
— Ancien palais épiscopal (auj. préfecture).
— Tour de l'Horloge.
Avallon. — Eglise Saint-Lazare.
Chablis. — Eglise.
Chastellux. — Château. P. p.
Fleurigny. — Chapelle du château.
Joigny. — Sépulcre dans l'église.
Mailly-le-Château. — Eglise.
Montréal. — Eglise.
Moutiers. — Eglise.
Pontaubert. — Eglise.
Pontigny. — Eglise.
Saint-Florentin. — Eglise.
Saint-Julien-du-Sault. — Eglise.
Saint-Père-sous-Vezelay. — Eglise.
Sainte-Magnance. — Tombeau dans l'église.
Sens. — Cathédrale Saint-Etienne.
— Eglise de l'Hôpital.
— Eglise Saint-Savinien.
— Salle synodale.
— Façade et porte de l'archevêch.
Tanlay. Château. P. p.
Tonnerre. — Ancienne salle de malades de l'hôpital (auj. église de la Madeleine).
— Crypte de Sainte-Catherine, sous la halle.
— Portail de l'église Saint-Pierre.
Vallery. — Tombeau Henri II de Bourbon, prince de Condé, dans l'église.
Vermenton. — Clochers de l'église.
Vezelay. — Eglise de la Madeleine.
— Ruines des remparts et Porte Neuve.
Villeneuve-l'Archevêque. — Eglise Notre-Dame.
Villen.-s.-Yonne.—Eglise.
— Portes de Sens et de Joigny, tour et reste de l'enceinte.

Paris. — Imp. Dubuisson et Cᵉ, rue Coq-Héron, 5.